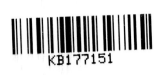

영어 단어 퍼즐

워들

Wordle 숨은 단어를 찾으며
두뇌를 자극하라!

영어 단어 퍼즐

워들 편

김보라 지음

슬로래빗

워들 풀이 방법

〈영어 단어 퍼즐 – 워들편〉은 미국의 '조쉬 워들'이 개발한 'Wordle' 이라는 온라인 게임에서 영감을 받아 만들었어요. 다섯 개의 단어로부터 하나의 미션 단어를 추리하는 핵심 아이디어는 같아요. 하지만 영어가 모국어가 아닌 우리나라 독자들도 재밌고 유익하게 즐길 수 있도록 변화를 주었답니다. 자, 그럼 풀이 방법을 함께 살펴볼까요?

첫째, 글자를 표시하는 색을 이용해요. 검정 바탕에 흰색 글자는 미션 단어에서도 그 자리에 그 글자가 있음을 의미해요. 회색 바탕에 검정 글자는 미션 단어에 나오지만, 그 자리에는 없어요. 흰색 바탕에 검정 글자는 미션 단어 어디에도 나오지 않아요. 아래 예시를 보면, 미션 단어의 네 번째 자리에 **H**가 있고, **C**는 첫 번째가 아닌 자리에 나오고, **A**와 **S**는 미션 단어에 나오지 않음을 알 수 있어요.

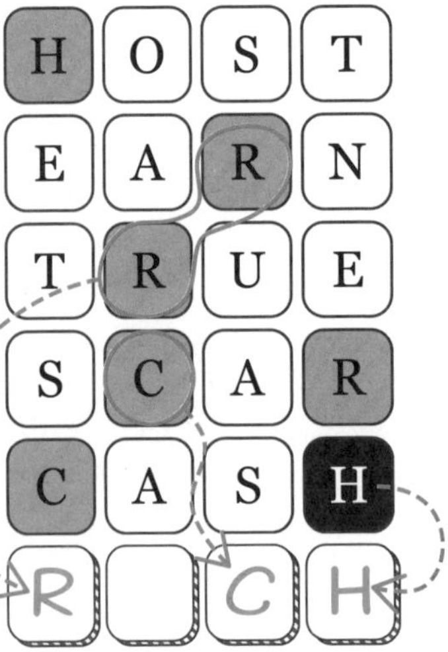

다섯 개의 단어로부터 미션 단어를 함께 유추해 볼까요?

① **H**는 네 번째 자리 확정

② **R**은 두, 세 번째에 올 수 없음
▶ 첫 번째 자리 확정

③ **C**는 두 번째 자리에 올 수 없음
▶ 세 번째 자리 확정

둘째, 미션 단어에서 못 찾은 글자는 페이지 하단의 알파벳 목록을 이용할 수 있어요. 꼭 나오는 글자와 절대 나오지 않는 글자를 목록에서 ×자로 표시한 다음, 남은 글자 중에서 찾으면 훨씬 수월하답니다.

알파벳 목록에서 다섯 개의 모음(A/E/I/O/U)은 진하게 표시해 두었어요. 앞에서 유추한 미션 단어 **R[?]CH**에는 모음이 하나도 없어요. 그런데 알파벳 목록을 보니 네 개의 모음(A/E/O/U)은 ╳자로 제외되고 I만 남아 있네요. 완성된 단어는 **RICH**, 정답입니다!

셋째, 힌트로도 미션 단어를 유추할 수 있어요. 지금까지 찾은 단어가 **[?]HOE**이고 'foot'이 힌트로 제시되었다면, **SHOE**를 찾아내는 식이지요. 알파벳 목록을 일일이 찾는 수고를 덜 수 있답니다.

넷째, 문제 아래쪽에는 미션 단어가 포함된 속담이나 유명 인사들의 명언을 수록했어요. 미션 단어를 찾아 빈칸에 적고 뜻을 찬찬히 음미해 보세요. 문장의 한글 뜻은 페이지 하단에 작게 표시해 두었습니다. 만약 앞의 과정을 통해 정답을 찾지 못했다면 살짝 참조해도 괜찮아요.

다섯째, 제시한 단어에 같은 글자가 두 개 있는 경우는 규칙이 특이합니다. **RARE**가 제시된 경우를 예로 들어 볼게요. 정답이 **ROAR**로 **R**이 두 개 있다면 제시한 **RARE**에서 두 개의 **R** 모두에 검은색 또는 회색으로 색깔이 표시됩니다.

정답이 **CORD**로 **R**이 한 개 있다면 **RARE**에서 하나의 **R**에만 색깔이 표시됩니다. 같은 **R**인데 하나는 회색이나 검은색이고, 다른 하나는 흰색인 것이지요. 이럴 때는 헷갈리지 말고, **R**이 정답에 한 번만 나오는 것으로 이해하면 됩니다. 아래 예시의 **REAR**처럼 **R**의 자리가 정답과 모두 일치하지 않을 경우, 맨 처음 나오는 **R**을 회색으로 표시합니다.

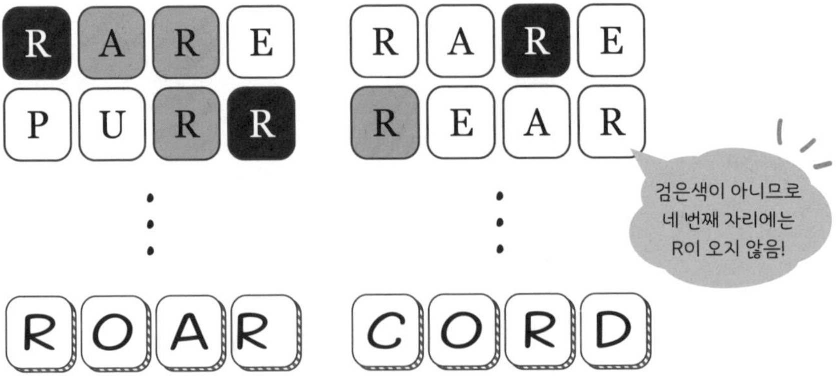

힌트 war

L	A	N	D
T	E	A	M
M	U	R	K
R	E	A	R
A	M	I	D

Sample

The □□□□ is the true nobility of our country.

Q W E R T Y U I O P

A S D F G H J K L

Z X C V B N M

정답은 ARMY입니다!

군대는 우리나라의 진정한 귀족이다. _ 나폴레옹 보나파르트

H	O	M	E
E	D	G	E
U	S	E	R
A	L	S	O
B	I	A	S

힌트 sit on

Wordle 001

When luck enters
give him a □□□□!

Q W **E** R T Y **U** **I** **O** P
A S D F G H J K L
Z X C V B N M

행운이 들어오거든 자리를 줘라! _ 유대인 속담

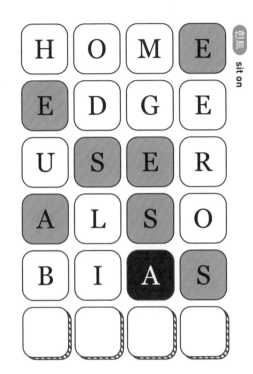

힌트 foot

W	E	A	R
K	N	O	T
M	I	S	S
D	U	K	E
S	K	I	P

Wordle 002

Life is too short to worry about matching □□□□s.

Q	W	**E**	R	T	Y	**U**	**I**	**O**	P
A	S	D	F	G	H	J	K	L	
Z	X	C	V	B	N	M			

양말 짝 맞출 걱정을 하기에는 인생이 너무 짧다. _ 작자 미상

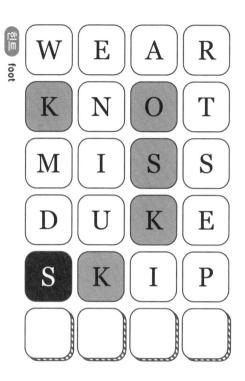

D	I	S	H
C	R	O	P
O	N	T	O
L	A	M	B
B	U	L	K

힌트 contains soup

Wordle 003

Life is just

a □□□□ of pits.

Q W **E** R T Y **U** **I** **O** P

A S D F G H J K L

Z X C V B N M

인생은 다만 한 통의 쓰레기일 뿐이다. _ 로드니 데인저필드

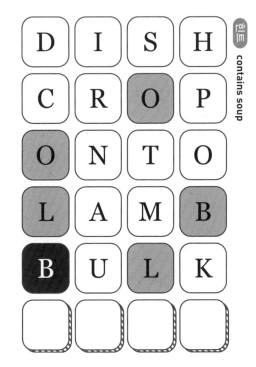

힌트 full of work

T	I	R	E
S	L	I	P
H	O	U	R
Y	A	W	N
U	G	L	Y

Wordle 004

The □□□□ bee has no time for sorrow.

Q W **E** R T Y **U** **I** **O** P

A S D F G H J K L

Z X C V B N M

바쁜 벌은 슬퍼할 시간이 없다. _ 윌리엄 블레이크

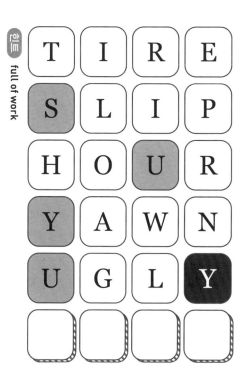

B	A	S	E
O	V	E	R
F	L	O	W
W	I	D	E
M	O	O	D

힌트 elevator

Wordle 005

What goes up
***must come* ☐☐☐☐.**

Q W E R T Y U I O P
A S D F G H J K L
Z X C V B N M

올라가는 것은 반드시 내려와야 한다. _ 서양 속담

힌트 very hot

H	E	A	T
S	P	U	R
R	I	O	T
U	R	G	E
M	E	N	U

Wordle 006

It's better to □□□□ out than fade away.

Q W E R T Y U I O P
A S D F G H J K L
Z X C V B N M

서서히 사라지기보다 한 번에 타 버리는 것이 낫다. _ 커트 코베인

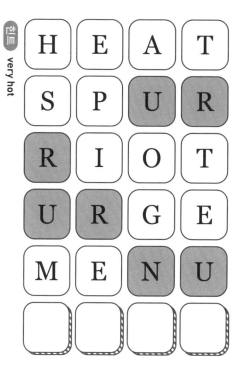

T	O	U	R
E	A	C	H
G	R	E	Y
J	E	R	K
P	A	I	R

힌트 vehicle

Wordle 007

If two men □□□□ a horse,
one must □□□□ behind.

Q W **E** R T Y **U** **I** **O** P
A S D F G H J K L
Z X C V B N M

두 사람이 한 말을 탄다면, 한 사람은 뒤에 타야 한다. _ 서양 속담

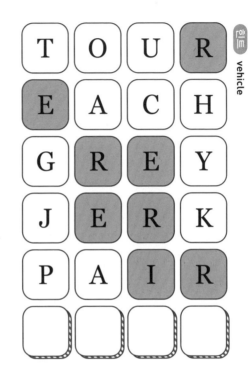

힌트 not right

R	O	A	D
T	U	R	N
S	T	E	P
E	X	I	T
H	A	L	T

Wordle 008

The light is the ☐☐☐☐ hand of darkness.

Q W E R T Y U I O P

A S D F G H J K L

Z X C V B N M

빛은 어둠의 왼손이다. _ 어슐러 르 귄

R	E	S	T
W	A	K	E
T	I	E	S
S	O	F	A
S	P	A	N

힌트 don't move

Wordle 009

Just* ☐☐☐☐ *true to yourself
and true to what you believe.

Q W E R T Y U I O P
A S D F G H J K L
Z X C V B N M

단지 자신에게 충실하고 자신이 믿는 것에 충실하라. _ 조엘 매든

힌트 trading place

M	A	R	T
B	U	Y	S
P	I	C	K
O	P	E	N
F	O	O	D

Wordle 010

Don't open a ☐☐☐☐
unless you know how to smile.

Q	W	**E**	R	T	Y	**U**	**I**	**O**	P
A	S	D	F	G	H	J	K	L	
Z	X	C	V	B	N	M			

웃는 법을 모르면, 가게를 열지 마라. _ 유대인 속담

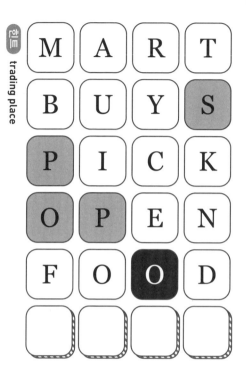

M	A	R	K
F	L	A	G
H	I	N	T
G	I	R	O
N	I	C	E

힌트 notice

Wordle 011

Honest disagreement is often a good ☐☐☐☐ of progress.

Q W E R T Y U I O P

A S D F G H J K L

Z X C V B N M

 솔직한 의견 차이는 대개 진보를 위한 좋은 신호다. _ 마하트마 간디

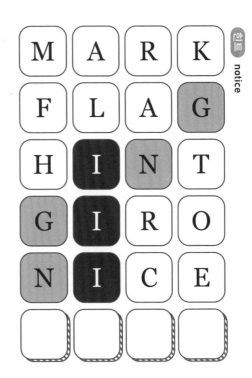

힌트 number 7

F	A	T	E
C	O	I	N
D	I	S	C
P	L	U	M
R	U	L	L

Wordle 012

□□□□ comes to those who look after it.

Q W E R T Y U I O P

A S D F G H J K L

Z X C V B N M

행운은 찾는 자에게 온다. _ 서양 속담

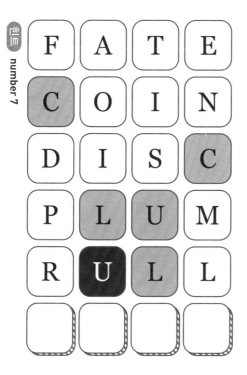

C	A	G	E
D	U	C	K
T	A	I	L
H	I	D	E
R	I	P	S

힌트 wings

Wordle 013

Poetry is like a □□□□,
it ignores all frontiers.

Q W **E** R T Y **U** **I** **O** P

A S D F G H J K L

Z X C V B N M

 시는 새와 같아서 모든 국경을 무시한다._예브게니 옙투셴코

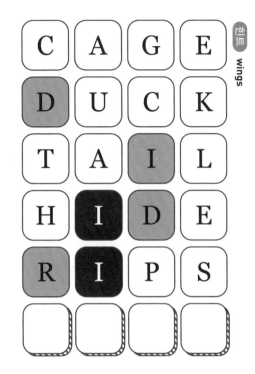

힌트 musical instrument

B	E	A	T
H	A	N	D
O	M	I	T
M	A	D	E
D	U	M	P

Wordle 014

Don't beat the □□□□s of war unless you're ready to fight.

Q W **E** R T Y **U** **I** **O** P

A S D F G H J K L

Z X C V B N M

싸울 준비가 되지 않았다면 전쟁의 북을 울리지 마라. _ 아프리카 속담

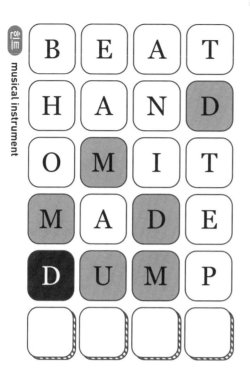

D	E	B	T
L	O	A	N
A	B	L	E
N	A	V	Y
L	A	M	B

힌트 money

Wordle 015

Let your name be worth more than your ☐☐☐☐ account.

Q W E R T Y U I O P

A S D F G H J K L

Z X C V B N M

당신의 이름이 당신의 은행 계좌보다 더 가치 있게 만들라. _ 레이 루이스

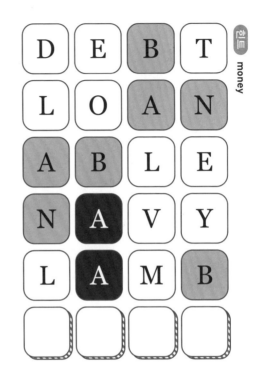

힌트 beach

R	O	C	K
T	I	D	E
E	D	E	N
D	E	N	Y
F	U	N	S

Wordle 016

Escape the rocks
and perish in the □□□□.

Q W E R T Y U I O P

A S D F G H J K L

Z X C V B N M

돌밭을 피해 와서 모래밭에서 죽다. _ 서양 속담

G	U	S	T
B	L	O	W
N	E	W	S
I	N	C	H
T	W	I	N

힌트 weather

Wordle 017

A straw shows which way the □□□□ blows.

Q W **E** R T Y **U** **I** **O** P

A S D F G H J K L

Z X C V B N M

하나가 바람 부는 방향을 보여 준다. _ 서양 속담

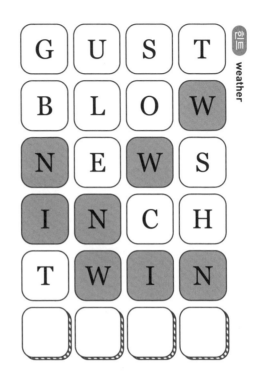

힌트 winter clothing

F	U	R	S
N	E	C	K
I	C	O	N
T	O	O	L
B	O	T	H

Wordle 018

Cut your □□□□ according to your cloth.

Q W **E** R T Y **U** **I** **O** P

A S D F G H J K L

Z X C V B N M

당신의 천에 따라서 코트를 잘라라. _ 서양 속담

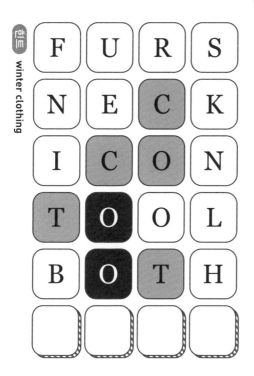

S	P	O	T
D	R	U	G
N	E	A	R
R	I	P	E
C	A	M	P

힌트 public garden

Wordle 019

Take short walks in the □□□□ down a happy trail.

Q	W	**E**	R	T	Y	**U**	**I**	**O**	P
A	S	D	F	G	H	J	K	L	
Z	X	C	V	B	N	M			

행복한 오솔길을 따라 공원을 잠깐 산책하라. _ 프레데릭 렌즈

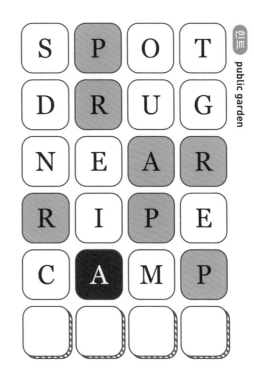

힌트 sound

R	I	N	G
B	O	O	M
O	A	T	H
S	H	O	W
H	E	A	R

Wordle 020

Life is an ☐☐☐☐.
What you send out comes back.

Q W E R T Y U I O P
A S D F G H J K L
Z X C V B N M

인생은 메아리다. 당신이 보낸 것이 다시 돌아온다. _ 지그 지글러

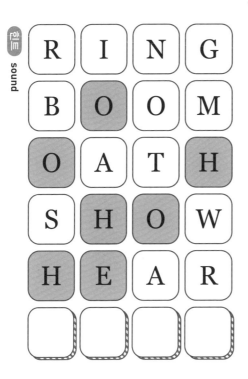

E	N	V	Y
A	U	R	A
B	E	A	M
C	H	E	W
D	A	S	H

힌트 emotion

Wordle 021

Nothing can be loved or ☐☐☐☐d unless it is first understood.

Q W **E** R T Y **U** **I** **O** P

A S D F G H J K L

Z X C V B N M

잘 이해하지 않고는 어떤 것도 사랑하거나 미워할 수 없다. _ 레오나르도 다빈치

힌트 birthday

O	V	E	N
E	G	G	S
K	E	P	T
L	I	C	K
I	C	E	D

Wordle 022

Bread today is better than

□□□□ tomorrow.

Q W **E** R T Y **U** **I** **O** P

A S D F G H J K L

Z X C V B N M

오늘의 빵이 내일의 케이크보다 낫다. _ 작자 미상

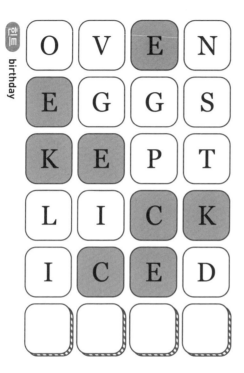

R	O	O	M
F	I	L	E
U	S	E	D
E	D	G	E
S	I	D	E

힌트 office

Wordle 023

Happiness is a very small ☐☐☐☐ and a very big wastebasket.

Q W **E** R T Y **U** **I** **O** P

A S D F G H J K L

Z X C V B N M

 행복은 아주 작은 책상이자 아주 큰 쓰레기통이다. _ 로버트 오벤

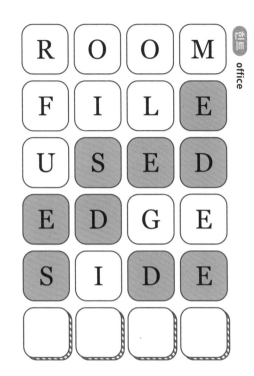

힌트 like a frog

A	C	T	S
M	O	V	E
S	W	I	M
U	N	D	O
P	U	L	L

Wordle 024

Whenever I'm terrified of anything,

I ☐☐☐☐ to it.

Q W **E** R T Y **U** **I** **O** P

A S D F G H J K L

Z X C V B N M

나는 무엇이든 두려울 때마다 거기로 뛰어든다. _ 로렌자 이조

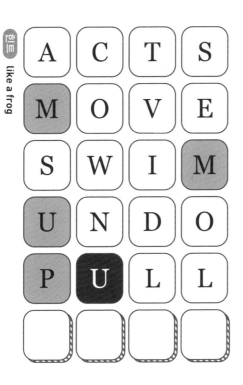

S	L	I	P
T	I	L	L
W	H	E	N
E	V	E	R
C	O	M	E

힌트 not on time

Wordle 025

Better three hours too soon than a minute too □□□□.

Q W **E** R T Y **U** **I** **O** P

A S D F G H J K L

Z X C V B N M

1분 늦은 것보다 3시간 빠른 것이 더 낫다. _ 윌리엄 셰익스피어

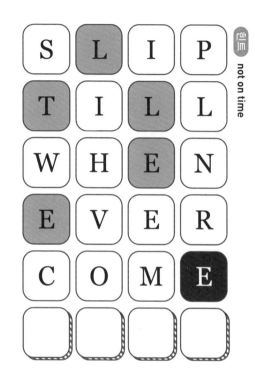

힌트 foot does

S	T	E	P
H	I	K	E
L	E	A	D
G	O	A	L
F	L	E	A

Wordle 026

You must learn to ☐☐☐☐ before you can run.

Q W E R T Y U I O P

A S D F G H J K L

Z X C V B N M

뛰기 전에 걷는 법을 배워야 한다. _ 서양 속담

C	O	L	D
X	M	A	S
S	I	N	K
S	O	R	T
S	P	I	N

힌트 winter

Wordle 027

Genius is an African who dreams up ☐☐☐☐.

Q	W	**E**	R	T	Y	**U**	**I**	**O**	P
A	S	D	F	G	H	J	K	L	
Z	X	C	V	B	N	M			

천재는 눈이 오기를 꿈꾸는 아프리카인이다. _ 블라디미르 나보코프

힌트 portion

S	O	M	E
D	U	A	L
P	A	R	T
L	A	C	K
F	A	I	R

Wordle 028

Who overcomes by force,
has overcome but ☐☐☐☐ his foe.

Q W E R T Y U I O P
A S D F G H J K L
Z X C V B N M

힘으로 이기는 자는 원수의 절반만 이긴 것이다. _ 존 밀턴

W	O	O	D
H	E	A	T
L	I	N	K
E	L	S	E
C	A	F	E

힌트 energy

Wordle 029

Encouragement is the ☐☐☐☐ on which hope runs.

Q	W	**E**	R	T	Y	**U**	**I**	**O**	P
A	S	D	F	G	H	J	K	L	
Z	X	C	V	B	N	M			

 격려는 희망을 움직이는 연료이다. _ 지그 지글러

힌트 on the table

C	U	P	S
T	R	A	Y
I	N	F	O
O	V	E	R
R	O	O	F

Wordle 030

If this is the end of the world, give me a ☐☐☐☐ and a knife.

Q W **E** R T Y **U** **I** **O** P

A S D F G H J K L

Z X C V B N M

세상의 종말이 여기에 있다면, 나에게 포크와 나이프를 달라. _ 다나 굿이어

힌트 speed

S	O	O	N
S	A	I	L
B	A	C	K
W	A	Y	S
P	A	T	H

Wordle 031

Innovation is moving at a scarily ☐☐☐☐ pace.

Q	W	**E**	R	T	Y	**U**	**I**	**O**	P
A	S	D	F	G	H	J	K	L	
Z	X	C	V	B	N	M			

혁신은 무섭게 빠른 속도로 진행되고 있다. _ 빌 게이츠

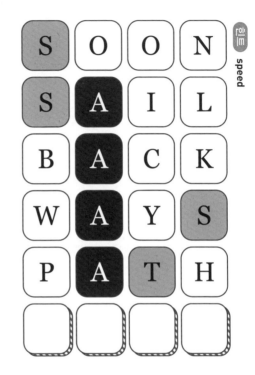

힌트 light

B	U	L	B
M	O	O	N
E	M	I	T
S	L	U	M
D	E	A	L

Wordle 032

Even a single ☐☐☐☐ dispels the deepest darkness.

Q W **E** R T Y **U** **I** **O** P

A S D F G H J K L

Z X C V B N M

단 하나의 등불이라도 가장 깊은 어둠을 쫓아낸다. _ 마하트마 간디

B	R	O	W
G	I	F	T
E	Y	E	S
H	E	A	D
A	F	A	R

힌트 body

Wordle 033

The wind in one's ☐☐☐☐ makes one wise.

Q W **E** R T Y **U** **I** **O** P

A S D F G H J K L

Z X C V B N M

얼굴에 부는 바람은 사람을 지혜롭게 한다. _ 조지 허버트

힌트 water dwelling

C	A	R	P
B	O	N	E
G	I	L	L
S	I	C	K
H	I	T	S

Wordle 034

If you want to catch more ☐☐☐☐,
use more hooks.

Q W **E** R T Y **U** **I** **O** P
A S D F G H J K L
Z X C V B N M

더 많은 물고기를 잡고 싶다면 더 많은 바늘을 사용하라. _ 조지 앨런

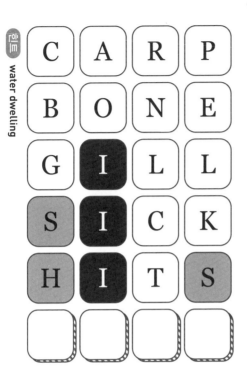

W	E	A	K
L	I	N	E
I	N	T	O
S	U	I	T
N	A	I	L

힌트 not fat

Wordle 035

☐☐☐☐ ***people are beautiful, but fat people are adorable.***

Q W **E** R T Y **U** **I** **O** P

A S D F G H J K L

Z X C V B N M

 마른 사람도 예쁘지만, 뚱뚱한 사람도 사랑스럽다. _ 재키 글리슨

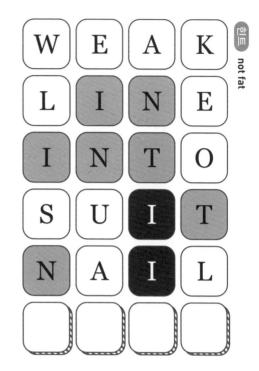

힌트 proven

T	R	U	E
L	I	A	R
A	T	O	M
C	I	T	Y
S	C	A	N

Wordle 036

I know nothing except the ☐☐☐☐ of my ignorance.

Q W **E** R T Y **U** **I** **O** P

A S D F G H J K L

Z X C V B N M

나는 내가 무지하다는 사실 외에는 아무것도 모른다. _ 소크라테스

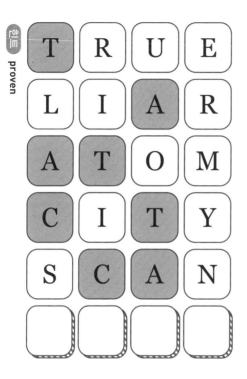

P	A	I	N
B	I	T	E
A	C	H	E
I	T	C	H
T	H	U	S

힌트 wound

Wordle 037

What you don't know
can't □□□□ you.

Q W **E** R T Y **U** **I** **O** P
A S D F G H J K L
Z X C V B N M

모르는 것이 너를 해칠 수 없다. _ 서양 속담

힌트 grave

D	I	G	S
B	U	R	Y
M	Y	T	H
D	E	B	T
S	T	E	M

Wordle 038

What is learned in the cradle is carried to the □□□□.

Q W **E** R T Y **U** **I** **O** P

A S D F G H J K L

Z X C V B N M

요람에서 배운 것이 무덤까지 간다. _ 서양 속담

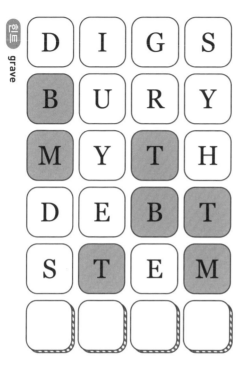

R	O	O	T
P	I	N	E
S	L	E	W
F	E	L	T
D	E	F	Y

힌트 plant

Wordle 039

Autumn is a second spring when every ☐☐☐☐ is a flower.

Q	W	**E**	R	T	Y	**U**	**I**	**O**	P
A	S	D	F	G	H	J	K	L	
Z	X	C	V	B	N	M			

모든 잎이 꽃이 되는 가을은 두 번째 봄이다. _ 알베르 카뮈

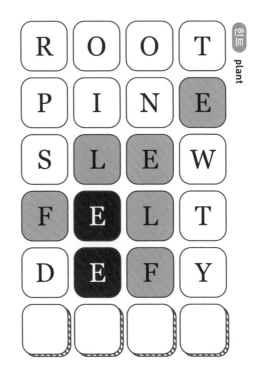

힌트 get bigger

H	U	G	E
L	O	N	G
O	U	R	S
P	O	O	R
R	I	O	T

Wordle 040

Nothing ☐☐☐☐s old sooner than a kindness.

Q W E R T Y U I O P

A S D F G H J K L

Z X C V B N M

친절만큼 빨리 자라는 것도 없다. _ 프랑스 속담

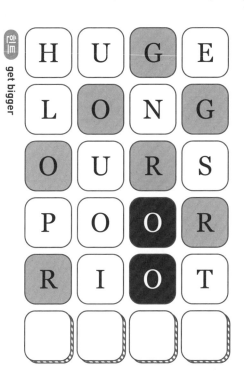

M	O	V	I	E
C	L	O	W	N
S	T	A	R	S
E	X	T	R	A
O	U	T	E	R

힌트 performer

Wordle 041

There are no small parts,
only small □□□□□s.

Q W **E** R T Y **U** **I** **O** P

A S D F G H J K L

Z X C V B N M

하찮은 배역은 없다, 하찮은 배우만 있을 뿐. _ 콘스탄틴 스타니슬랍스키

힌트 postage

L	A	B	E	L
A	S	I	D	E
R	O	A	S	T
S	P	A	W	N
S	H	A	P	E

Wordle 042

All science is either physics or ☐☐☐☐☐ collecting.

Q W E R T Y U I O P

A S D F G H J K L

Z X C V B N M

모든 과학은 물리학 아니면 우표 수집이다. _ 어니스트 러더퍼드

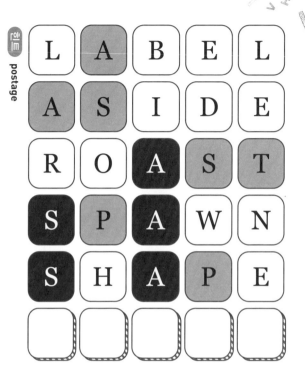

S	W	E	E	T
L	O	L	L	Y
A	N	G	R	Y
D	E	C	A	Y
C	R	A	Z	Y

힌트 trick or treat

Wordle 043

There's nothing as cozy as
a piece of □□□□□ and a book.

Q W **E** R T Y **U** **I** **O** P

A S D F G H J K L

Z X C V B N M

 사탕 한 조각과 책만큼 포근한 것은 없다. _ 베티 맥도날드

long seat

C	O	M	F	Y
T	A	B	L	E
B	A	S	I	C
B	L	E	N	D
B	E	G	U	N

A throne is only a ☐☐☐☐☐
covered with velvet.

Q	**E**	R	T	Y	**U**	I	**O**	P

A	S	D	F	G	H	J	K	L

Z	X	C	V	B	N	M

왕좌는 벨벳으로 덮인 의자일 뿐이다. _ 나폴레옹 보나파르트

G	L	O	B	E
A	L	I	E	N
D	R	A	F	T
S	T	R	A	W
T	E	R	R	A

힌트 planet

Wordle 045

A home having no child is like as the □□□□□ having no sun.

Q W **E** R T Y **U** **I** **O** P

A S D F G H J K L

Z X C V B N M

 집에 아이가 없는 것은 지구에 태양이 없는 것과 같다. _ 서양 속담

힌트 dance to this

B	E	A	T	S
P	I	A	N	O
S	C	R	A	P
C	O	U	C	H
I	S	S	U	E

Wordle 046

☐☐☐☐☐ is the medicine of a troubled mind.

Q W **E** R T Y **U** **I** **O** P

A S D F G H J K L

Z X C V B N M

음악은 괴로운 마음의 약이다. _ 라틴 속담

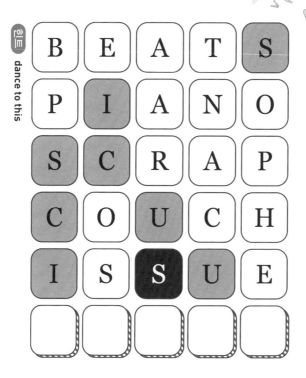

F	E	T	C	H
R	O	U	N	D
B	U	Y	E	R
A	R	R	O	W
L	A	R	G	E

힌트 **burden**

Wordle 047

We seek outside the wonders we ☐☐☐☐☐ inside us.

Q	W	**E**	R	T	Y	**U**	**I**	**O**	P
A	S	D	F	G	H	J	K	L	
Z	X	C	V	B	N	M			

우리는 우리 안에 가지고 있는 경이로움을 외부에서 찾는다. _ 잘랄루딘 루미

힌트 piece of wood

B	A	T	O	N
T	W	I	G	S
S	H	I	F	T
S	K	I	E	R
S	P	I	T	S

Wordle 048

To the uneducated,
an A is just three □□□□□s.

Q	W	**E**	R	T	Y	**U**	**I**	**O**	P
A	S	D	F	G	H	J	K	L	
Z	X	C	V	B	N	M			

교육받지 못한 사람에게 A는 막대기 세 개에 불과하다. _ 앨런 알렉산더 밀른

W	A	V	E	S
E	G	G	E	D
S	P	O	I	L
S	I	G	M	A
S	U	R	G	E

힌트 playground

Wordle 049

They don't ☐☐☐☐☐ fists when the fight is over.

Q W **E** R T Y **U** **I** **O** P

A S D F G H J K L

Z X C V B N M

싸움이 끝난 후에는 주먹을 휘두르지 않는다. _ 러시아 속담

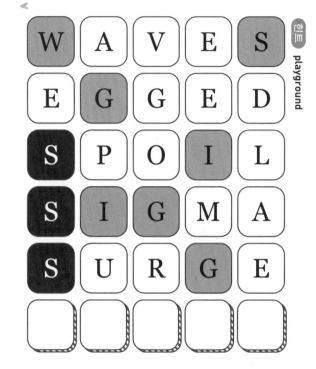

힌트 not light

L	I	G	H	T
O	T	H	E	R
A	H	E	A	D
E	V	E	N	S
C	A	R	V	E

Wordle 050

☐☐☐☐☐ is the head that wears the crown.

Q W E R T Y U I O P

A S D F G H J K L

Z X C V B N M

왕관을 쓴 머리는 무겁다. _ 윌리엄 셰익스피어

S	W	E	E	T
M	E	L	O	N
E	Q	U	A	L
I	N	P	U	T
C	I	D	E	R

힌트 drink

Wordle 051

The darker the berry,
the sweeter the □□□□□.

Q W **E** R T Y **U** **I** **O** P
A S D F G H J K L
Z X C V B N M

베리가 진할수록 주스는 더 달콤하다. _ 토마스 제퍼슨

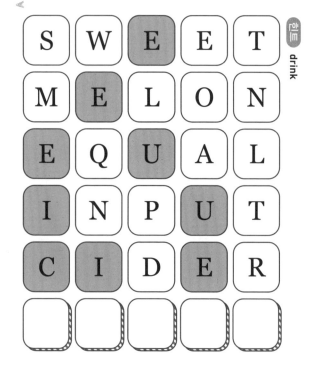

힌트 copy

T	Y	P	E	S
S	T	A	M	P
N	I	N	T	H
I	N	D	E	X
P	L	A	I	N

Wordle 052

Nothing was more valuable than the □□□□□ed word.

Q W E R T Y U I O P

A S D F G H J K L

Z X C V B N M

인쇄된 글보다 더 가치 있는 것은 없다. _ 마거릿 피터슨 해딕스

L	A	U	G	H
A	L	L	E	Y
M	E	R	I	T
I	D	E	A	L
P	I	E	C	E

힌트 happy

Wordle 053

Wrinkles will only go where the ☐☐☐☐☐s have been.

Q W **E** R T Y **U** **I** **O** P

A S D F G H J K L

Z X C V B N M

주름은 미소가 있었던 자리에만 생길 것이다. _지미 버핏

힌트 not clean

T	R	A	S	H
S	T	A	I	R
R	I	D	E	R
V	I	V	I	D
L	I	T	R	E

Wordle 054

There are no ☐☐☐☐☐ words, only ☐☐☐☐☐ minds.

Q W **E** R T Y **U** **I** **O** P

A S D F G H J K L

Z X C V B N M

더러운 말은 없고 더러운 마음만 있을 뿐이다. _ 레니 브루스

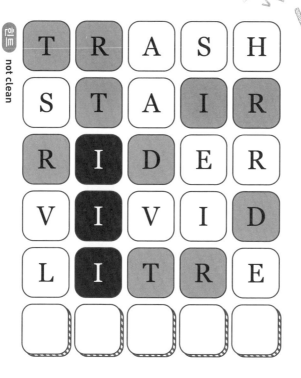

T	I	M	E	R
A	U	D	I	O
S	O	N	I	C
O	C	C	U	R
S	K	U	L	L

힌트 reading time

Wordle 055

Even a stopped ☐☐☐☐☐ is right twice a day.

Q W **E** R T Y **U** **I** **O** P

A S D F G H J K L

Z X C V B N M

고장 난 시계도 하루에 두 번은 맞는다. _ 조지프 애디슨

힌트 car

W	H	E	E	L
P	E	D	A	L
R	E	A	D	Y
S	C	O	R	E
V	E	R	S	E

Wordle 056

The cars we ☐☐☐☐☐ say a lot about us.

Q W E R T Y U I O P
A S D F G H J K L
Z X C V B N M

우리가 운전하는 자동차는 우리에 대해 많은 것을 말해 준다. _ 알렉산드라 폴

T	H	I	R	D
A	R	E	A	L
H	E	A	V	Y
R	I	G	H	T
M	I	N	O	R

힌트 spring

Wordle 057

☐☐☐☐☐ ***comes in like a lion and goes out like a lamb.***

Q	W	**E**	R	T	Y	**U**	**I**	**O**	P
A	S	D	F	G	H	J	K	L	
Z	X	C	V	B	N	M			

3월은 사자처럼 찾아와서 양처럼 지나간다. _ 서양 속담

힌트 sky

M	U	R	K	Y
U	S	U	A	L
A	C	U	T	E
L	O	G	I	C
E	P	O	C	H

Wordle 058

Try to be a rainbow in someone's □□□□□.

Q W **E** R T Y **U** **I** **O** P

A S D F G H J K L

Z X C V B N M

누군가의 구름 속의 무지개가 되어 보라. _ 마야 안젤루

G	R	O	O	M
R	E	F	E	R
S	M	I	L	E
H	U	M	A	N
D	R	A	M	A

힌트 spouse

Wordle 059

To ☐☐☐☐☐ is to get a binocular view of life.

Q W E R T Y U I O P

A S D F G H J K L

Z X C V B N M

결혼한다는 것은 인생을 두 눈으로 보는 것이다. _ 윌리엄 잉게

힌트 autumn leaves

O	C	H	R	E
C	O	L	O	R
A	N	N	O	Y
R	A	D	I	O
B	U	R	N	T

Wordle 060

Green leaves and ☐☐☐☐☐ leaves fall from the same tree.

Q W **E** R T Y **U** **I** **O** P

A S D F G H J K L

Z X C V B N M

녹색 잎도, 갈색 잎도 같은 나무에서 떨어진다. _ 서양 속담

힌트 olympics

A	W	A	R	D
E	X	T	R	A
B	A	D	G	E
V	I	D	E	O
S	A	D	L	Y

Wordle 061

A ☐☐☐☐☐ glitters,
but it also casts a shadow.

Q W **E** R T Y **U** **I** **O** P
A S D F G H J K L
Z X C V B N M

메달은 빛나지만, 그림자도 드리운다. _ 윈스턴 처칠

힌트 daily record

W	R	I	T	E
I	N	C	U	R
B	A	S	I	C
H	I	R	E	D
R	I	D	G	E

Wordle 062

Painting is just another way of keeping a □□□□□.

Q W E R T Y U I O P

A S D F G H J K L

Z X C V B N M

그림은 일기를 쓰는 또 다른 방법일 뿐이다. _ 파블로 피카소

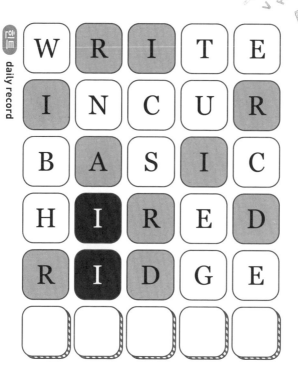

A	R	O	M	A
E	X	I	S	T
F	U	M	E	S
A	L	L	O	W
S	P	I	C	E

힌트 sense

Wordle 063

It is not every flower

that □□□□□s sweet.

Q W E R T Y U I O P

A S D F G H J K L

Z X C V B N M

 꽃이라고 모두 향기로운 것은 아니다. _ 서양 속담

힌트 go up

M	O	U	N	T
T	R	A	I	L
S	I	L	L	Y
I	M	A	G	E
L	O	C	A	L

Wordle 064

Who □□□□□s too high goes to a fall.

Q W E R T Y U I O P

A S D F G H J K L

Z X C V B N M

너무 높이 오른 자는 결국 떨어진다. _ 서양 속담

H	E	L	L	O
N	O	I	S	Y
C	H	A	O	S
O	C	E	A	N
K	I	C	K	S

힌트 door

Wordle 065

If opportunity doesn't □□□□□, build a door.

Q W **E** R T Y **U** **I** **O** P

A S D F G H J K L

Z X C V B N M

기회가 문을 두드리지 않으면 문을 만들라. _ 밀턴 베를

힌트 not old

E	A	R	L	Y
P	R	O	U	D
U	N	I	O	N
N	O	S	E	S
M	O	N	T	H

Wordle 066

Old fools are bigger fools than _____ ones.

Q W **E** R T Y **U** **I** **O** P

A S D F G H J K L

Z X C V B N M

늙은 바보는 젊은 바보보다 더 큰 바보이다. _ 서양 속담

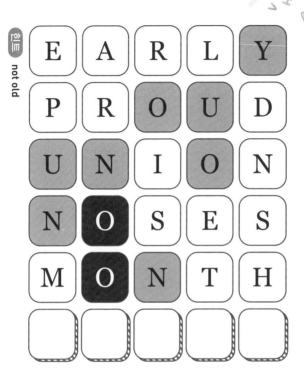

W	A	T	E	R
C	H	O	K	E
F	L	U	I	D
S	K	I	M	P
D	A	I	R	Y

힌트 liquid

Wordle 067

When you ☐☐☐☐☐ the water, remember the spring.

Q W **E** R T Y **U** **I** **O** P

A S D F G H J K L

Z X C V B N M

물 마실 때는 그 샘도 생각하라. _ 중국 속담

힌트 silent

A	L	O	U	D
T	H	U	M	B
S	T	R	I	P
F	E	T	C	H
U	N	I	T	E

Wordle 068

A □□□□□ conscience sleeps in thunder.

Q W **E** R T Y **U** **I** **O** P

A S D F G H J K L

Z X C V B N M

평온한 양심은 번개 속에서도 잠을 잔다. _ 서양 속담

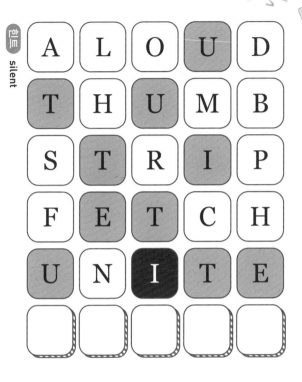

O	R	G	A	N
C	H	O	R	D
Y	A	H	O	O
H	U	S	K	Y
U	N	I	T	S

힌트 lip

Wordle 069

You can always read a person
by what comes out his □□□□□.

Q W E R T Y U I O P
A S D F G H J K L
Z X C V B N M

그 사람의 입에서 나오는 말로 그 사람을 읽을 수 있다. _ 로드 웨이브

힌트 art tool

E	A	S	E	L
F	O	C	U	S
A	M	B	E	R
B	U	R	N	T
B	R	I	D	E

Wordle 062

Real painters understand with a ☐☐☐☐☐ in their hand.

Q W E R T Y U I O P

A S D F G H J K L

Z X C V B N M

진짜 화가는 붓을 손에 쥐고 이해한다. _ 베르트 모리조

힌트 record

T	O	T	A	L
O	W	N	E	R
M	E	R	G	E
P	R	I	D	E
I	S	S	U	E

Wordle 071

Who lives on the □□□□□ has shame evermore.

Q W **E** R T Y **U** **I** **O** P

A S D F G H J K L

Z X C V B N M

 점수에 따라 사는 사람은 언제나 수치심을 느낀다. _ 프랑스 속담

힌트 student

S	K	I	L	L
F	A	T	A	L
A	M	O	N	G
C	L	A	S	S
B	R	A	I	N

Wordle 072

In youth we _____,
in age we understand.

Q W **E** R T Y **U** **I** **O** P

A S D F G H J K L

Z X C V B N M

젊었을 때 우리는 배우고, 나이가 들면 이해한다. _ 마리 폰 에브너 에셴바흐

A	B	U	Z	Z
G	U	E	S	S
A	S	S	E	T
P	I	L	O	T
D	O	N	U	T

힌트 loud

Wordle 073

Where there is ☐☐☐☐☐ing, there is no true knowledge.

Q W **E** R T Y **U** **I** **O** P

A S D F G H J K L

Z X C V B N M

외치는 곳에는 참된 지식이 없다. _ 레오나르도 다빈치

힌트 unit of length

T	H	I	C	K
A	M	P	L	E
E	X	A	C	T
R	U	S	T	Y
S	T	E	E	P

Wordle 074

Keep a ☐☐☐☐☐ on your fear.
Fear can cripple you.

Q W E R T Y U I O P
A S D F G H J K L
Z X C V B N M

두려움과 거리를 두어라. 두려움이 너를 불구로 만들 수 있다. _ 더프 맥케이건

C	H	E	A	P
S	C	O	P	E
A	L	I	A	S
J	E	A	N	S
N	E	X	U	S

힌트 clothes

Wordle 075

I've learned to dance
with a hand in my ☐☐☐☐☐.

Q W E R T Y U I O P
A S D F G H J K L
Z X C V B N M

나는 바지에 손을 넣고 춤추는 법을 배웠다. _ 빌리 조엘

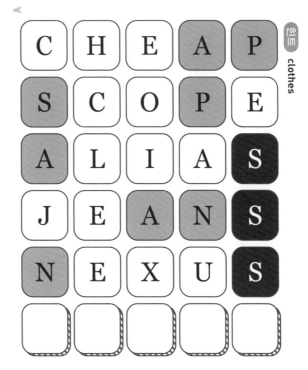

힌트 Sugar

T	A	S	T	E
S	P	E	N	D
N	E	I	G	H
E	L	B	O	W
O	U	N	C	E

Wordle 076

If you want to gather ☐☐☐☐☐,
don't kick over the beehive.

Q W **E** R T Y **U** **I** **O** P

A S D F G H J K L

Z X C V B N M

꿀을 모으고 싶다면 벌집을 발로 차서는 안 된다. _ 데일 카네기

R	A	P	I	D
C	I	V	I	C
I	C	O	N	S
A	L	I	K	E
B	U	I	L	T

힌트 speedy

Wordle 077

Be slow to promise,
but □□□□□ to perform.

Q W **E** R T Y **U** **I** **O** P

A S D F G H J K L

Z X C V B N M

약속은 느리게, 실행은 빨리하라. _ 서양 속담

힌트 attack

G	U	A	R	D
S	T	A	F	F
A	F	F	I	X
U	N	I	T	E
T	I	G	E	R

Wordle 078

When elephants ☐☐☐☐☐,
it is the grass that suffers.

Q	W	**E**	R	T	Y	**U**	**I**	**O**	P
A	S	D	F	G	H	J	K	L	
Z	X	C	V	B	N	M			

코끼리 싸움에 고통받는 건 풀이다. _ 아프리카 속담

K	I	T	E	D
T	E	M	P	T
S	O	L	V	E
L	A	P	S	E
A	P	P	L	E

힌트 aircraft

Wordle 079

A camel makes an elephant feel like a jet □□□□□.

Q W **E** R T Y **U** **I** **O** P

A S D F G H J K L

Z X C V B N M

낙타는 코끼리를 제트기처럼 느끼게 해준다. _ 재키 케네디

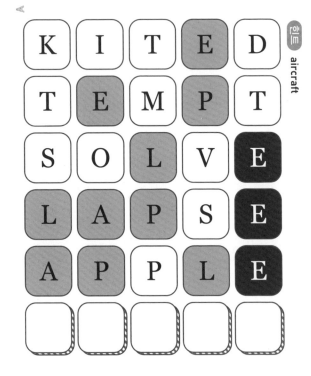

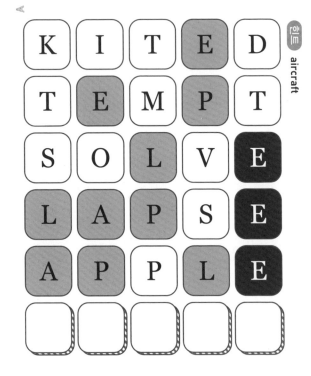

힌트 food

D	O	U	G	H
Y	E	A	S	T
E	N	T	R	Y
C	A	P	E	R
A	R	I	S	E

Wordle 080

I can live without □□□□□,
but I can't live without freedom.

Q W **E** R T Y **U** **I** **O** P

A S D F G H J K L

Z X C V B N M

빵 없이는 살 수 있지만, 자유 없이는 살 수 없다. _ 베디우드자만 사이드 누르시

C	R	O	S	S
N	I	G	H	T
B	A	S	E	D
S	T	E	E	L
S	M	A	S	H

힌트 triangle or square

Wordle 081

We ☐☐☐☐☐ our buildings and they ☐☐☐☐☐ us.

Q W **E** R T Y **U** **I** **O** P

A S D F G H J K L

Z X C V B N M

사람은 건물을 만들고 건물은 사람을 만든다. _ 윈스턴 처칠

힌트 position

A	H	E	A	D
O	F	F	E	R
S	T	U	F	F
T	I	G	O	N
N	O	R	T	H

Wordle 082

True friends stab you in the ☐☐☐☐☐.

Q W **E** R T Y **U** **I** **O** P

A S D F G H J K L

Z X C V B N M

진정한 친구는 너를 앞에서 찌른다. _ 오스카 와일드

P	U	R	S	E
Y	I	E	L	D
A	N	G	E	L
V	I	D	E	O
O	W	N	E	R

힌트 cash

Wordle 083

Do what you love
and the ☐☐☐☐☐ will follow.

Q W **E** R T Y **U** **I** **O** P
A S D F G H J K L
Z X C V B N M

좋아하는 일을 하라. 그러면 돈도 따라올 것이다. _ 마샤 시네타

힌트 eyes

B	L	I	N	D
O	P	T	I	C
I	M	A	G	E
A	G	E	N	T
G	U	E	S	T

Wordle 084

There is no sadder □□□□□
than a young pessimist.

Q W **E** R T Y **U** **I** **O** P

A S D F G H J K L

Z X C V B N M

젊은 비관주의자보다 더 슬픈 광경은 없다. _ 마크 트웨인

S	T	E	P	S
R	E	L	A	X
C	H	A	I	N
M	A	G	I	C
T	A	N	G	O

힌트 move to music

Wordle 085

The man who can't □□□□□ says the band can't play.

Q	W	**E**	R	T	Y	**U**	**I**	**O**	P
A	S	D	F	G	H	J	K	L	
Z	X	C	V	B	N	M			

춤 못 추는 사람이 밴드를 탓한다. _ 유대인 속담

힌트 spirit

D	E	M	O	N
O	U	T	D	O
H	I	P	P	O
N	O	R	T	H
S	H	A	F	T

Wordle 086

No ☐☐☐☐☐ of any common sense begins a conversation.

Q W E R T Y U I O P

A S D F G H J K L

Z X C V B N M

상식적인 유령은 대화를 시작하지 않는다. _ 루이스 캐럴

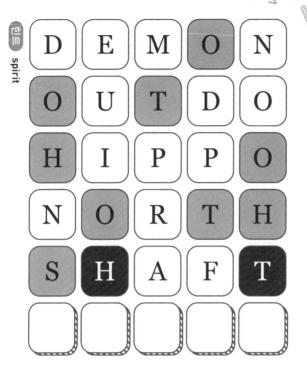

M	I	T	T	S
E	V	E	R	Y
L	E	V	E	L
V	A	L	U	E
N	O	B	L	E

힌트 hand

Wordle 087

A pure hand needs no _____ to cover it.

Q W E R T Y U I O P

A S D F G H J K L

Z X C V B N M

순수한 손에는 장갑이 필요하지 않다. _ 나다니엘 호손

힌트 meal

A	P	P	L	E
S	A	L	A	D
C	H	I	L	L
O	C	C	U	R
F	L	U	S	H

Wordle 088

We must explain the truth.
There is no free □□□□□.

Q W **E** R T Y **U** **I** **O** P
A S D F G H J K L
Z X C V B N M

우리는 진실을 설명해야 한다. 공짜 점심은 없다고. _ 그레이스 나폴리타노

V	E	I	N	S
G	R	A	D	E
O	D	D	L	Y
M	O	D	E	L
L	O	O	P	S

힌트 red fluid

Wordle 089

☐☐☐☐☐ ***alone moves the wheels of history.***

Q W **E** R T Y **U** **I** **O** P

A S D F G H J K L

Z X C V B N M

 오직 피만이 역사의 수레바퀴를 움직인다. _ 마르틴 루터

힌트 road

L	A	N	E	S
F	E	R	R	Y
W	H	O	L	E
G	U	I	D	E
A	R	G	U	E

Wordle 090

Sometimes, the easiest _____ is not the best _____.

Q W E R T Y U I O P
A S D F G H J K L
Z X C V B N M

때로는 가장 쉬운 경로가 최선의 경로가 아닐 수도 있다. _ 윌프리드 자하

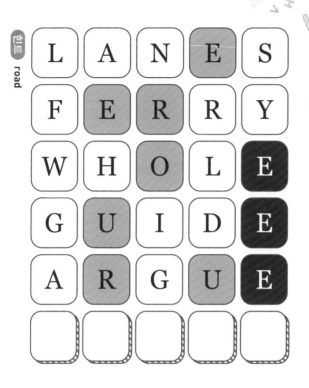

M	A	T	C	H
A	D	M	I	T
F	A	V	O	R
B	L	A	M	E
W	O	R	S	E

힌트 tobacco

Wordle 091

Love, □□□□□ and cough can not be hid.

Q	W	**E**	R	T	Y	**U**	**I**	**O**	P
A	S	D	F	G	H	J	K	L	
Z	X	C	V	B	N	M			

 사랑, 연기, 기침은 감출 수가 없다. _ 프랑스 속담

힌트 delight

M	A	Y	B	E
S	E	N	S	E
Q	U	E	E	N
N	O	V	E	L
P	H	O	N	E

Wordle 092

Every minute should be

☐☐☐☐☐ed and savored.

Q W **E** R T Y **U** **I** **O** P

A S D F G H J K L

Z X C V B N M

매 순간을 즐기고 음미해야 한다. _ 얼 나이팅게일

B	L	O	O	M
I	M	P	L	Y
T	I	T	L	E
A	D	U	L	T
S	C	O	L	D

힌트 parent

Wordle 093

Father's virtue is the best heritage for his ☐☐☐☐☐.

Q W E R T Y U I O P

A S D F G H J K L

Z X C V B N M

아버지의 덕행은 아이를 위한 최고의 유산이다. _ 영국 속담

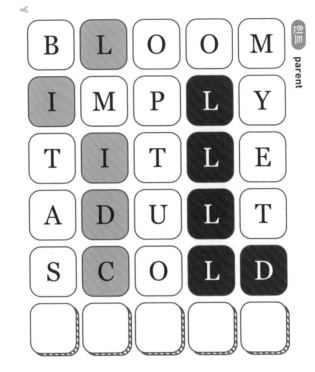

힌트 cutting tool

S	P	L	I	T
Q	U	I	C	K
W	E	I	R	D
N	A	I	V	E
S	H	I	N	E

Wordle 094

Being angry is like picking up a ☐☐☐☐☐ with no handle.

Q W **E** R T Y **U** **I** **O** P

A S D F G H J K L

Z X C V B N M

화를 내는 것은 손잡이 없는 칼을 집는 것과 같다. _ 쿠 스타크

힌트 emotion

B	L	I	N	K
R	E	A	C	T
N	U	R	S	E
E	A	G	E	R
O	R	G	A	N

Wordle 095

When □□□□□, count to ten before speaking.

Q W **E** R T Y **U** **I** **O** P

A S D F G H J K L

Z X C V B N M

 화가 났거든 말하기 전에 열을 헤아려라. _ 서양 속담

힌트 sense

M	E	T	A	L
O	R	B	I	T
S	T	O	V	E
D	I	S	C	O
H	E	N	C	E

Wordle 096

Nothing is so healing as the human □□□□□.

Q W **E** R T Y **U** **I** **O** P

A S D F G H J K L

Z X C V B N M

인간의 손길만큼 치유되는 것은 없다. _ 바비 피셔

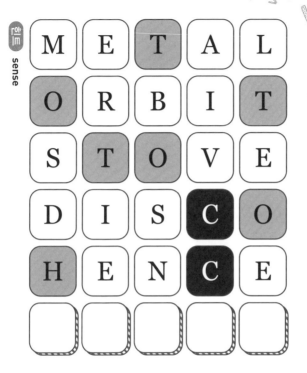

C	H	E	C	K
J	U	D	A	S
A	S	I	D	E
S	T	O	R	E
T	E	A	S	E

힌트 spend

Wordle 097

I □□□□□d time and now doth time □□□□□ me.

Q W **E** R T Y **U** **I** **O** P

A S D F G H J K L

Z X C V B N M

 나는 시간을 낭비했고, 이제 시간이 나를 낭비하고 있다. _ 윌리엄 셰익스피어

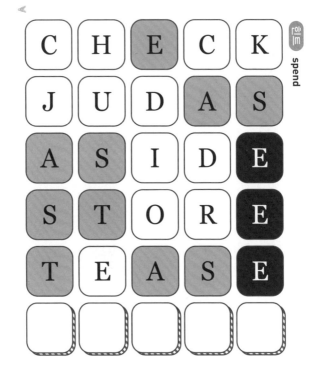

힌트 racing animal

E	N	T	R	Y
R	E	A	C	H
O	R	D	E	R
S	P	O	R	T
C	H	E	S	S

Wordle 098

Yon can lead a □□□□□ to water but you can't make him drink.

Q W E R T Y U I O P

A S D F G H J K L

Z X C V B N M

물가에 말을 데려갈 수는 있지만, 물을 마시게 할 수는 없다. _ 서양 속담

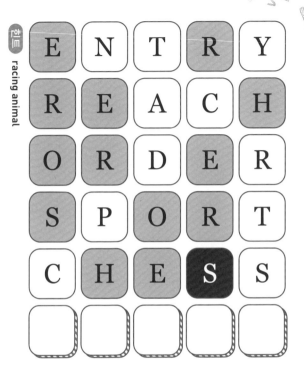

B	R	I	C	K
B	U	R	S	T
S	E	V	E	N
S	A	N	D	Y
S	N	E	A	K

힌트 rock

Wordle 099

A rolling □□□□□ gathers no moss.

Q W **E** R T Y **U** **I** **O** P

A S D F G H J K L

Z X C V B N M

 구르는 돌은 이끼가 끼지 않는다. _ 서양 속담

힌트 nothing

W	R	E	C	K
L	E	A	S	T
P	L	U	T	O
M	I	T	T	S
S	P	I	T	E

Wordle 100

An ☐☐☐☐☐ bag can not stand upright.

Q W **E** R T Y **U** **I** **O** P

A S D F G H J K L

Z X C V B N M

빈 가방은 똑바로 설 수가 없다. _ 서양 속담

정답

001	SEAT	020	ECHO	039	LEAF
002	SOCK	021	HATE	040	GROW
003	BOWL	022	CAKE	041	ACTOR
004	BUSY	023	DESK	042	STAMP
005	DOWN	024	JUMP	043	CANDY
006	BURN	025	LATE	044	BENCH
007	RIDE	026	WALK	045	EARTH
008	LEFT	027	SNOW	046	MUSIC
009	STAY	028	HALF	047	CARRY
010	SHOP	029	FUEL	048	STICK
011	SIGN	030	FORK	049	SWING
012	LUCK	031	FAST	050	HEAVY
013	BIRD	032	LAMP	051	JUICE
014	DRUM	033	FACE	052	PRINT
015	BANK	034	FISH	053	SMILE
016	SAND	035	THIN	054	DIRTY
017	WIND	036	FACT	055	CLOCK
018	COAT	037	HURT	056	DRIVE
019	PARK	038	TOMB	057	MARCH

058	CLOUD	077	QUICK	096	TOUCH
059	MARRY	078	FIGHT	097	WASTE
060	BROWN	079	PLANE	098	HORSE
061	MEDAL	080	BREAD	099	STONE
062	DIARY	081	SHAPE	100	EMPTY
063	SMELL	082	FRONT		
064	CLIMB	083	MONEY		
065	KNOCK	084	SIGHT		
066	YOUNG	085	DANCE		
067	DRINK	086	GHOST		
068	QUIET	087	GLOVE		
069	MOUTH	088	LUNCH		
070	BRUSH	089	BLOOD		
071	SCORE	090	ROUTE		
072	LEARN	091	SMOKE		
073	SHOUT	092	ENJOY		
074	METER	093	CHILD		
075	PANTS	094	KNIFE		
076	HONEY	095	ANGRY		

숨은 단어를 찾으며 두뇌를 자극하라!
영어 단어 퍼즐 - 워들

초판1쇄 인쇄 2024년 2월 1일
초판1쇄 발행 2024년 2월 13일

지은이 김보라

펴낸이 김재룡
펴낸곳 도서출판 슬로래빗

출판등록 2014년 7월 15일 제25100-2014-000043호
주소 (04790) 서울시 성동구 성수일로 99 서울숲AK밸리 1501호
전화 02-6224-6779
팩스 02-6442-0859
e-mail slowrabbitco@naver.com
인스타그램 instagram.com/slowrabbitco

기획 강보경 **편집** 김가인 **디자인** 변영은 miyo_b@naver.com

값 12,000원
ISBN 979-11-86494-97-4 13740

• 슬로래빗은 독자 여러분의 다양하고 참신한 원고를 항상 기다리고 있습니다. 보내실 곳 slowrabbitco@naver.com